L'édition originale de cet ouvrage
a paru sous le titre : *Kangaroos*
Copyright © Aladdin Books Ltd, 1989
28, Percy Street, London W1P 9FF

Adaptation française de Christel Delcoigne
Copyright © Éditions Gamma, Tournai, 1991
D/1991/0195/106
ISBN 2-7130-1254-6
(édition originale : ISBN 0 86313 993 0)

Exclusivité au Canada :
Éditions Saint-Loup,
6255, rue Hutchison, Montréal, Qué. H2V 4C7
Dépôts légaux, 3e trimestre 1991
Bibliothèque nationale du Québec
Bibliothèque nationale du Canada
ISBN 2-920441-70-1

Imprimé en Belgique

Sommaire

VOIR GRANDIR LES ANIMAUX

Les kangourous

Kate Petty - Christel Delcoigne

Éditions Gamma - Éditions Saint-Loup

Bébés de poche

Le kangourou est un marsupial. Les femelles des marsupiaux portent leur bébé dans une poche. Quand le bébé kangourou vient au monde après seulement cinq semaines de gestation dans l'utérus maternel, il ne mesure que deux centimètres et n'est pas plus gros qu'un insecte. Le minuscule kangourou se lance pourtant dans un voyage épuisant : il grimpe vers la poche en s'accrochant à la fourrure de sa mère.

Le bébé grimpe rejoindre la poche maternelle.

À ce stade, le bébé kangourou ne ressemble guère à ses parents. ▷

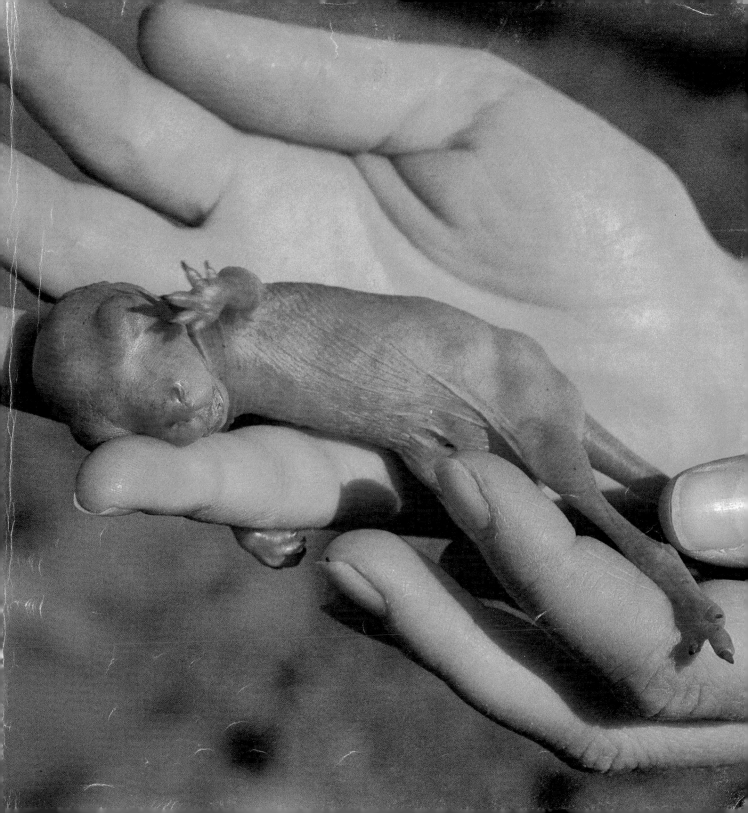

À l'intérieur de la poche

Une fois dans la poche de sa mère, le bébé happe l'une des quatre mamelles. La longue tétine gonfle pour emplir la gueule du bébé, ce qui lui permet de rester solidement accroché à sa mère lorsqu'elle se déplace par bonds. Il ne cesse de téter et grandit très rapidement. À deux mois, le bébé a atteint la taille d'un chat domestique adulte.

Un bébé attaché à l'une des mamelles de sa mère

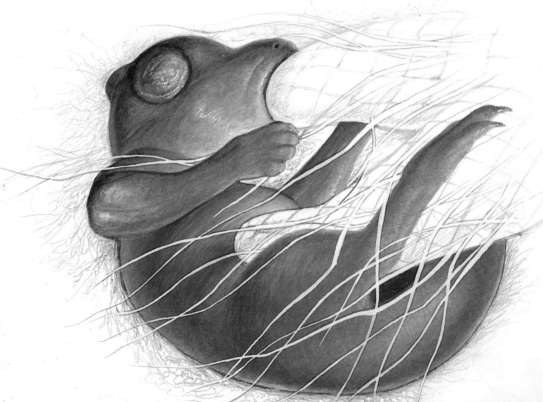

Le marsupium : un endroit sûr et agréable pour voyager ▷

Le petit kangourou

Vers quatre mois, le bébé kangourou commence à ressembler à ses parents. Il a de la fourrure, une truffe et de grands yeux noirs. Il n'a encore jamais quitté la poche maternelle. À cinq mois, il est assez grand et fort pour oser se risquer dehors, même si, au début, le jeune kangourou ne fait que des promenades de quelques minutes à la fois.

Un tout jeune kangourou jette un coup d'œil aux alentours.

Un jeune kangourou aux aguets ▷

6

L'exploration

Au cours des quelques semaines qui suivent, le jeune kangourou devient plus audacieux et il passe davantage de temps hors du marsupium. Toutefois, au premier signe de danger, il y replonge tête première, la queue et les pattes pendant à l'extérieur. Il doit apprendre à se déplacer en bondissant, à se nourrir et à se laver. Dès l'âge de sept mois, le jeune kangourou quitte définitivement la poche maternelle.

Au début, le kangourou reste près de sa mère.

Le kangourou retourne souvent chercher la protection de la poche maternelle. ▷

L'alimentation

Même après avoir quitté la poche maternelle, le kangourou continue à téter l'une des mamelles de sa mère. Entre-temps, un autre bébé kangourou est venu s'en approprier une autre. La mère est capable de produire du lait de diverses qualités, pour correspondre aux besoins de ses bébés. Le jeune kangourou passe beaucoup de temps à brouter avec les autres kangourous et à chercher de l'eau pour boire.

Le kangourou de huit mois se nourrit encore du lait de sa mère.

Un vaste choix de plantes à grignoter s'offre au kangourou. ▷

La troupe de kangourous

Le jeune kangourou reste avec sa mère pendant environ vingt mois. Il vit au milieu d'une petite troupe, formée d'un mâle adulte, de quelques femelles et de leurs petits. Lorsque la nourriture est abondante, les kangourous se regroupent en troupes plus importantes. Les jeunes kangourous aiment jouer ensemble. Leurs seuls vrais ennemis sont le dingo, chien sauvage d'Australie, et l'homme.

Troupe de kangourous chassés par une meute de dingos

Kangourous en train de brouter ▷

Coups de poings

Les jeunes kangourous jouent à se battre. À l'âge adulte, ils auront besoin de se défendre. Les mâles adultes se battent entre eux pour conquérir les femelles. Les jeunes mâles s'approchent l'un de l'autre pour se défier. Puis, ils luttent à coups de poings. Ils essaient également de repousser et de faire tomber l'adversaire au sol à grands coups de leurs pattes arrière. Dans un vrai combat, ces pattes peuvent s'avérer des armes mortelles.

De jeunes mâles préparent un faux combat.

Jeunes kangourous se battant comme des boxeurs ▷

Animaux sauteurs

Au début, le jeune kangourou tremble un peu sur ses pattes, mais il apprend rapidement à bondir en se propulsant grâce à ses longues pattes de derrière et en prenant équilibre sur sa queue. Le kangourou avance par bonds d'un mètre, mais ses bonds peuvent atteindre huit mètres lorsqu'il se déplace à une vitesse de soixante kilomètres/heure. Seul un obstacle de plus de trois mètres de haut peut arrêter l'élan d'un kangourou.

Les pattes arrière du kangourou sont incroyablement puissantes.

16

Kangourous en déplacement ▷

La croissance

Les kangourous mâles sont prêts pour l'accouplement à trois ans et demi. Ils poursuivent leur croissance pendant les quinze années de leur existence. Les femelles sont capables de se reproduire vers l'âge de dix-huit mois. Elles pèsent deux fois moins que les mâles.
Le kangourou roux est le plus grand des marsupiaux. Debout, il dépasse un être humain. Les kangourous gris sont légèrement plus petits.

Kangourous gris de l'est de l'Australie

Kangourou roux ▷

Les wallabies

Il y a plus de quarante espèces de kangourous. La plus petite est le wallaby. Il ne vit qu'en Australie, mais on peut l'admirer dans des zoos ou réserves naturelles partout dans le monde. Une colonie de wallabies à col roux vit au nord de l'Angleterre. Il s'agit des descendants d'un couple qui est parvenu à s'échapper d'une ménagerie privée il y a quarante ans !

Wallaby des montagnes

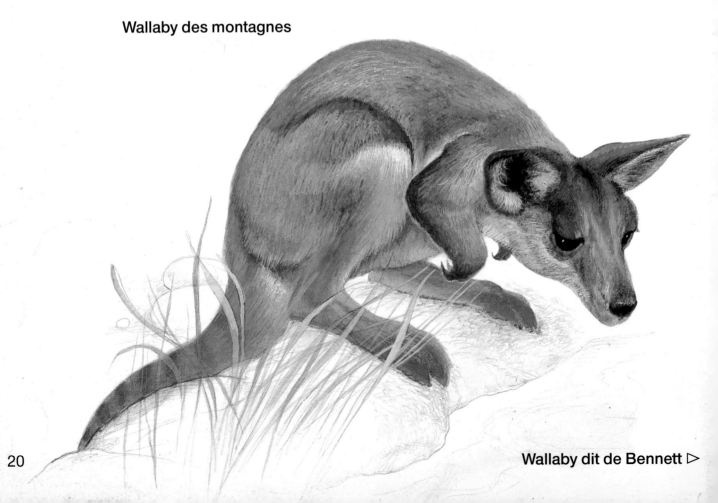

Wallaby dit de Bennett ▷

En bref

Les kangourous vivent en Australie. Comme tous les kangourous, le bébé du kangourou roux n'a pas de poil pendant les trois premiers mois, mais sa fourrure est formée au moment où il commence à mettre le nez dehors, vers cinq mois. Il n'est pas complètement sevré avant un an ; c'est aussi l'époque de sa première mue. Les kangourous sont indépendants vers un an et demi ou deux ans. Ils continuent à grandir pendant au moins encore cinq ans.

Nouveau-né

Femelle adulte

Mâle adulte

Index

Origine des photographies :
Couverture : Jen et Des Barlett / Survival Anglia ; pages 3, 15 et 17 : Jen et Des Barlett / Bruce Coleman ; pages 5 et 19 : John Cancalosi / Bruce Coleman ; page 7 : Fritz Prenzel / Bruce Coleman ; page 9 : Alan Root / Survival Anglia ; page 11 : Jen Taylor / Bruce Coleman ; page 13 : Hans Reinhard / Bruce Coleman ; page 21 : John Fawcett / Planet Earth.

PRINTED IN BELGIUM BY
proost
INTERNATIONAL BOOK PRODUCTION